AF382342

GREINERS WACHSTUMS-MODELL

Krisen vorhersehen und effizienter wachsen

Verfasst von Jean Blaise Mimbang
In Zusammenarbeit mit Brigitte Feys
Übersetzt von Mareike Lobeck

Business 50MINUTEN.de

GREINERS WACHSTUMSMODELL

SCHLÜSSELINFORMATIONEN

- **Bezeichnungen:** Sechs-Phasen Modell, Greiner-Kurve, Greiners Wachstumsmodell, Wachstumsphasenmodell
- **Anwendungsbereiche:** Krisenmanagement in Unternehmen, Strategiedefinition und Darstellung der Unternehmensentwicklung
- **Warum ist es so gut?**
  - Theoretische Vorhersage: Je nach Geschäftstätigkeit des Unternehmens und der Entwicklung von Faktoren aus dem Unternehmensumfeld kann mit dem Modell eine bevorstehende Unternehmenskrise eingeschätzt und vorhergesehen werden (strukturelle oder funktionelle Veränderungen).
  - Mit dem Modell können Indikatoren aus der Vergangenheit des Unternehmens erkannt werden, die für den zukünftigen Erfolg essentiell sind.

- Das Modell erklärt, wie schnell wachsende Unternehmen (Start-ups) funktionieren.
- **Schlüsselwörter:**
  - Organisatorische Veränderung: Prozess strukturellen Wandels in einem gegebenen Kontext
  - Unternehmenslebenszyklus: alle Phasen, die ein Unternehmen durchläuft – von der Gründung bis zur eventuellen Auflösung

EINLEITUNG

> Die Geschichte eines jeden Teils der Erde besteht wie das Lebens eines Soldaten aus großen Zeiträumen von Langeweile und kleinen Augenblicken des Schreckens.

Dieser Ausspruch eines Kollegen von Stephen Jay Gould (amerikanischer Paläontologe, 1941-2002), den dieser in seinem Buch *Der Daumen des Panda*[1] zitiert, gilt nicht nur für Kontinente und Soldaten, sondern ebenfalls für Unternehmen genauso wie für Menschen. Auch ein Unternehmen ist ein komplexes Gebilde, das sich im Laufe seines Bestehens

---

1. Gould, Stephen Jay: *Der Daumen des Panda. Betrachtungen zur Naturgeschichte*. Aus dem Englischen von Klaus Laermann und Eva-Maria Schmitz. Birkhäuser Basel: Basel 1987. S. 194.

entwickelt. Dazu gehören mehr oder weniger dramatische Krisenzeiten, die unter Umständen den Unternehmensfortbestand gefährden.

Jedes Unternehmen sieht sich heute mit der Globalisierung und den damit verbundenen Herausforderungen der Wettbewerbsfähigkeit konfrontiert. Die Unternehmen, denen es gelingt, Zeiten der Veränderung und Unternehmensentwicklungsphasen bestmöglich vorherzusehen und zu managen meistern diese Hürde – während andere unweigerlich scheitern.

Unter Berücksichtigung der Branche des Unternehmens und einiger Faktoren aus dem Umfeld können Unternehmen mithilfe von Larry E. Greiners Modell (amerikanischer Hochschuldozent, geboren 1933) grafisch darstellen, in welcher Phase sie sich befinden. Ebenso können bevorstehende Krisen vorhergesehen und zum Startpunkt einer neuen Wachstumsphase umgewandelt werden.

Hintergrund

Die Wirtschaft in der Zeit nach dem Zweiten Weltkrieg kann in drei große Abschnitte unterteilt werden, auf welchen die Theorien zu organisatorischen Veränderungen aufbauen (vgl. Desreumaux).

- Der erste Abschnitt beginnt mit dem Ende des Zweiten Weltkriegs und reicht bis Anfang der Siebzigerjahre. Es handelt sich dabei weltweit um eine Zeit starken wirtschaftlichen Wachstums, das zu einem ausgeglichenen Wirtschaftssystem führt.
- Der zweite Abschnitt beginnt mit den Ölkrisen der Siebzigerjahre und dauert bis zur Wirtschaftskrise Anfang der Achtzigerjahre an. In dieser von einer hohen Anzahl an Unternehmenspleiten und umfassenden organisatorischen Veränderungen gekennzeichneten Zeit entsteht auch Greiners Wachstumsmodell (1972).
- Der dritte und vorläufig letzte Abschnitt reicht vom Anfang der Neunzigerjahre bis heute. Die Wirtschaftslage in dieser Zeit der permanenten Veränderungen ist von starker Dynamik und Unvorhersehbarkeit geprägt.

Definition

Laut Greiner durchläuft ein Unternehmen während seines Bestehens fünf Wachstumsphasen, die durch fünf Wendepunkte, „Krisen", klar voneinander getrennt sind. Durch strukturelle Anpassungen, die die Dynamik des Organisationssystems deutlich machen, wechselt das Unternehmen von einer Phase in die nächste.

Die Veränderungsphasen hängen von internen (Alter, Größe, (tiefgreifende) Entwicklungsschritte etc.) und externen Unternehmensfaktoren (Konkurrenz, Standort, Branchenwachstum etc.) ab. Die fünf Wachstumsphasen sind:

- Kreativitäts- bzw. Gründungsphase
- Steuerungsphase
- Delegationsphase
- Koordinationsphase
- Kooperationsphase

Die Phasen können potenziell durch fünf Krisen voneinander getrennt werden: Führungskrise, Autonomiekrise, Kontrollkrise, Bürokratiekrise und Öffnungskrise.

GREINERS WACHSTUMSMODELL IN DER THEORIE

MODELL NACH LARRY E. GREINER

Zur Beschreibung der Entwicklungsgeschichte eines Unternehmens sollte Greiner zufolge in der Vergangenheit des Unternehmens nach Indikatoren gesucht werden, die für den zukünftigen Erfolg essentiell sind.

Laut Greiner ist es wichtig, die Unternehmensgeschichte zu kennen, um daraus die historische Entwicklung der Schlüsselfaktoren des Erfolgs und der Wirtschaftlichkeit abzuleiten. Er führt aus, dass die externen Möglichkeiten auf dem Markt die Unternehmensstrategie bestimmen. Diese wiederum beeinflusst die Unternehmensstruktur, die das zentrale Element des zukünftigen Unternehmenswachstums ist.

Greiner erklärt, dass jedes Unternehmen im Laufe seines Bestehens fünf aufeinanderfolgende, klar voneinander getrennte Phasen durchläuft. Jede dieser Phasen ist durch eine allmähliche Entwicklung gekennzeichnet, auf die eine Übergangskrise oder eine kurze Revolutionszeit folgt. Durch die Überwindung dieser Krisen kann der Übergang in die nächste Phase erfolgen.

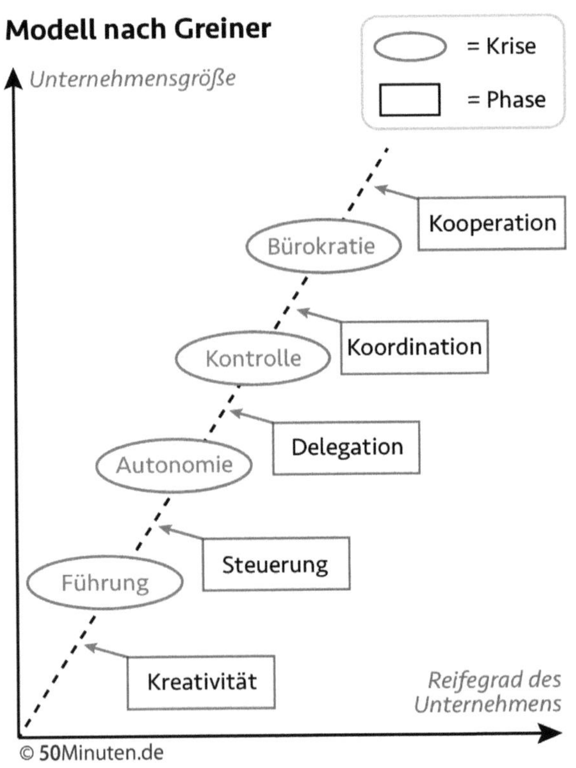

Kreativitäts- bzw. Gründungsphase

In dieser ersten Phase wird das Unternehmen auf einem vielversprechenden Markt gegründet. Häufig sind die Gründer Techniker oder Unternehmer und nicht zwangsläufig erfahrene Geschäftsführer oder Manager.

Es wird viel und informell miteinander kommuniziert, Unternehmensgründer und Mitarbeiter der ersten Stunde achten kaum auf Arbeitszeiten und geben sich in der Regel mit bescheidenen Gehältern zufrieden. Größte Motivation ist der Erfolg des Projekts. Die Aufgaben sind nicht unbedingt klar definiert, jeder nimmt mehrere Rollen wahr und geht die alltäglichen Herausforderungen leidenschaftlich an – was vor allem durch gemeinschaftliche Entscheidungsfindung geschieht: Alle sind aktiv am Unternehmensaufbau beteiligt. Risiken bestehen bei Neueinstellungen und dem Ausscheiden des ein oder anderen (Konstanz der gemeinsamen Zweckverfolgung), da eine so junge Struktur schnell aus dem Gleichgewicht geworfen werden kann.

Die Situation führt zur **Krise durch den Führungsstil**. Sie entsteht, wenn sich das inzwischen florierende Unternehmen gezwungen sieht, Tätigkeiten wie Produktion von Produkten bzw. Dienstleistungen, Buchführung, Personalmanagement etc. nach spezialisierten Funktionen neu zu strukturieren bzw. zu verteilen. Die Unternehmensgründer können natürlich nicht selbst über alle notwendigen Kompetenzen verfügen, zudem gelingt es ihnen laut Greiner kaum, die neuen Mitarbeiter so zu motivieren, wie das in der Startphase möglich war. Außerdem stellt sich nun heraus, ob sie noch immer „gute Führungskräfte" und „professionelle Manager" sind und auch ein komplexeres Unternehmen führen können.

Um die Krise zu überwinden, werden erfahrene Manager eingestellt, die wissen, wie sie die notwendigen Strukturen einführen. Dieser Schritt ist jedoch nicht risikofrei, da die Unternehmensgründer und ersten Mitarbeiter bisweilen geneigt sind, ihre Arbeitseinstellung und Informalität der Anfangszeit beizubehalten (um ihre Machtposition nicht zu verlieren, aus Selbstzweifeln heraus, weil sie ihre eigenen Grenzen erkennen etc.).

Steuerungsphase

Das Unternehmen wird nun von einer Einzel person geleitet, wodurch es in einer formelleren Kommunikationsumgebung weiterwachsen und sich auf unterschiedliche Tätigkeiten, wie beispielsweise Marketing und Produktion, konzentrieren kann. Zur Motivation der Mitarbeiter werden finanzielle Anreize eingeführt.

Zu gegebener Zeit wird allerdings ein Punkt erreicht, an dem es so viele Produkte und Prozesse gibt, dass es für eine einzelne Person unmöglich wird, alles an einem Tag zu erledigen. Mal ist die Zeit zu knapp, mal ist der benötigte Informationsfluss (bezüglich Produkten und Dienstleistungen) zu umfangreich. Es beginnt eine neue Krisenzeit für das Unternehmen: die **Autonomiekrise**. Auslöser sind dabei die Notwendigkeit von neuen, auf Delegation basierenden Strukturen sowie Finanzierungsprobleme aufgrund des Wachstums.

Die Krise wird nicht nur durch eine Umstrukturierung überwunden, bei der Verantwortlichkeiten vom Geschäftsführer an andere Mitarbeiter delegiert werden, sondern auch durch zusätzliches internes bzw. externes Kapital.

Delegationsphase

Mit der Auflösung der Autonomiekrise werden Kompetenzen der obersten Geschäftsführung an eine neu eingeführte mittlere Managementebene delegiert. Die Verantwortlichen haben so den Handlungsspielraum, um auf Chancen/Risiken bei neuen Produkten, Märkten, Wettbewerbern,

Technologien, Kundenwünschen und -erwartungen etc. schnell zu reagieren. Das Unternehmen wächst somit weiter.

Investoren führen nicht unbedingt selbst das Unternehmen, sondern ernennen meist einen Vertreter, der über die effiziente Verwendung des Kapitals wacht.

Das Delegieren von Verantwortlichkeiten kann wiederum eine **Kontrollkrise** auslösen. Der Hauptgeschäftsführer möchte auch weiterhin allein die großen Probleme des Unternehmens lösen und kann sich nicht von den anderen Aufgaben lösen. Die Unternehmensstruktur wird jedoch zu komplex für einen einzelnen Geschäftsführer. So haben schon zahlreiche Unternehmensgründer ihr Unternehmen aus Stolz in den Ruin getrieben.

Ein Weg aus der Krise ist das wohl durchdachte Delegieren, gekennzeichnet durch eine Neuordnung des Unternehmens mit der Unterteilung in Abteilungen bzw. Geschäftsstellen und der Einführung entsprechender (neuer) Positionen als Abteilungs- oder Geschäftsstellenleitern. Um das Unternehmen weiter voranzubringen, müssen nun Ziele, Aufgaben und Verantwortlichkeiten der neuen Führungspersonen klar definiert werden. Außerdem benötigen diese Unterstützung in ihrer neuen Funktion.

Koordinationsphase

Die zuvor abgegrenzten und in Produkt-, Dienstleistungs- und Ressourcengruppen eingeteilten Geschäftseinheiten (Abteilungen bzw. Geschäftsstellen) wachsen nun weiter. Im Idealfall haben alle Abteilungen dieselben Gesamtziele, während sie gleichzeitig relativ eigenständig arbeiten.

Die Bürokratie ist nun so ausgeprägt, dass sich ihre Kosten negativ auf das Unternehmenswachstum auswirken. Aufgrund dieser Entwicklung rücken Verwaltungsformalitäten die eigentliche Mission des Unternehmens in den Hintergrund. Diese Phase kann daher zur **Bürokratiekrise** führen, die sich durch Flexibilitätsverlust bemerkbar macht.

Zur Überwindung dieser Krise sollte eine neue Unternehmenskultur etabliert werden, mit dem Fokus auf der Vision und den Haupttätigkeiten des Unternehmens. Zudem braucht das Unternehmen eine neue, flexiblere Struktur, die an die aktuellen Bedürfnisse angepasst ist und die Mitarbeiter wieder neu zu motivieren vermag.

Kooperationsphase

Um Kosten zu reduzieren und den Profit zu maximieren, wird zum Ende der Steuerungs- und Koordinationsphase jeweils ein neues Management – mit entsprechend inspirierten und motivierenden Führungskräften – eingestellt, die das Unternehmen wieder nach seinen ursprünglichen Prioritäten ausrichtet. Beförderungen, Rotation der Funktionen und Fortbildungen ermöglichen den Mitarbeitern, sich bei der Arbeit stets zu steigern. Häufig entsteht auch eine Matrixorganisation und es wird abteilungsübergreifender gearbeitet. Die Kooperation mit Externen wird ebenfalls ausgebaut. Die **Öffnungskrise** bzw. **Krise durch internes Wachstum** steht am Ende dieser Phase. Für Greiner kann Wachstum durch Kooperation außerdem zu einer zukünftigen Krise führen, die 1972 jedoch nicht weiter definiert wurde.

Folge

Greiner hat seinem Modell kürzlich eine sechste Phase hinzugefügt. Er erklärt, dass weiteres Wachstum nur durch Outsourcing von für das Unternehmen nicht essentiellen Tätigkeiten möglich ist (beispielsweise durch das Schließen von Partnerschaften mit ergänzenden Unternehmen).

Diese sechste Phase, in der das Unternehmen durch unternehmensexterne Lösungen weiterwachsen kann, bietet einige große Vorteile:

- Die Schlüsselkompetenzen des Unternehmens werden wieder auf sein Kerngeschäft (*core business*) abgestimmt.
- Die Komplexität des Managements bei der gegebenen Unternehmensgröße wird reduziert (Downsizing).
- Die Kosten werden gesenkt (weniger Fixkosten für Personal und flexiblere Kosten für externe Dienstleistungen, bei denen der Wettbewerb ausgenutzt werden kann).
- Garantierte Qualität (Dienstleister möchten schließlich weiterhin beschäftigt werden).
- Das Unternehmen ist flexibel, da es je nach seiner Entwicklungsstrategie Geschäftspartner

(sowohl „vorgeschaltete" Zulieferer als auch „nachgeschaltete" Vertreiber) jederzeit wechseln kann.

AUSLEGUNG DES MODELLS DER UNTERNEHMENSENTWICKLUNG

Jedes Unternehmen durchläuft sowohl Zeiten relativer Stabilität als auch Krisenzeiten. Mitarbeiter, Strukturen und Prozesse, die angemessen scheinen, bis das Unternehmen eine bestimmte Größe oder ein bestimmtes Alter erreicht, sind es nicht mehr, sobald das Unternehmen weiterreift bzw. weiterwächst. Wenn sich die Unternehmensführung der Vergangenheit ihres Unternehmens bewusst ist, kann sie zukünftige Krisen entsprechend vorhersehen und sich darauf vorbereiten, indem sie ihre Maßnahmen an das jeweils erreichte Entwicklungsstadium anpasst. So kann eine kritische Situation zum Startpunkt einer neuen Wachstumsphase werden.

Nicht alle Unternehmen haben die fünf Phasen schon durchlaufen. Manche bleiben auch auf unbegrenzte Zeit in einem gewissen Stadium stehen, wenn sich ihre

Größe und Komplexität stabilisiert haben. Nur wenige europäische und (vor allem) amerikanische Unternehmensriesen befinden sich momentan in der letzten von Greiner beschriebenen Phase. Allerdings sollte sich jedes Unternehmen der Abfolge von Ruhe- und Krisenphasen bewusst sein, wobei die Geschwindigkeit des Wechsels von einem Stadium ins nächste von der Entwicklungsgeschwindigkeit des Unternehmens und der jeweiligen Branche abhängt.

Möchte ein Unternehmer seine Ideen in einem Start-up umsetzen (innovatives Unternehmen mit großem Entwicklungspotenzial, das hohe Investitionssummen benötigt, um schnell zu wachsen) und so ein Produkt bzw. eine Dienstleistung auf den Markt bringen, sollte er neben den finanziellen Ressourcen über die für Gründung, Entwicklung und Fortbestand der Unternehmenstätigkeit notwendigen Management-Kompetenzen verfügen. Der Entwicklungsprozess eines Start-ups kann sich wie folgt zusammensetzen:

• Entstehung der Idee, Partner- bzw. Kollegensuche

- Projektumsetzung auf unbekanntem Terrain, Informations- und Werbephasen
- Interesse der Öffentlichkeit am angebotenen Produkt bzw. an der angebotenen Dienstleistung, beginnende Probleme beim Lager- und Beschaffungsmanagement
- Delegation von Verantwortlichkeiten von den Gründern an erfahrene Manager aufgrund der Unternehmensentwicklung
- Da das Unternehmen „zu groß" geworden ist, entstehen bürokratische Probleme, die die weitere Unternehmensentwicklung verhindern. Erfolgt kein Umstieg auf eine andere Strategie, kann dies den Niedergang des Unternehmens bedeuten.

Eine sinnvolle Anwendung von Greiners Wachstumsmodell ermöglicht Unternehmensführern, die nächsten Abschnitte vorherzusehen und den Fortbestand des Unternehmens sicherzustellen. Sie wissen zudem, dass Start-ups in der Regel vier bis acht Jahre lang kontinuierlich und ohne große wirtschaftliche Probleme oder schwerwiegende interne Schwierigkeiten wachsen.

ORGANISATORISCHE VERÄNDERUNG

Organisatorische Veränderung bezieht sich auf einen bestimmten Kontext bzw. eine Situation. Sie kann ebenso als Gegensatz zu Dauerhaftigkeit gesehen werden.

Entwicklungsmodelle

Seit Ende der Fünfzigerjahre haben sich rhythmusbezogene Theorien zu organisatorischer Veränderung stark verändert. Die folgende Unterteilung von Strukturtypen basiert auf dem Werk *Nouvelles formes d'organisation et évolution de l'entreprise* (1996, auf Deutsch etwa „Neue Strukturformen und Unternehmensentwicklung") des französischen Universitätsdozenten Alain Desreumaux.

Matrix von Alain Desreumaux

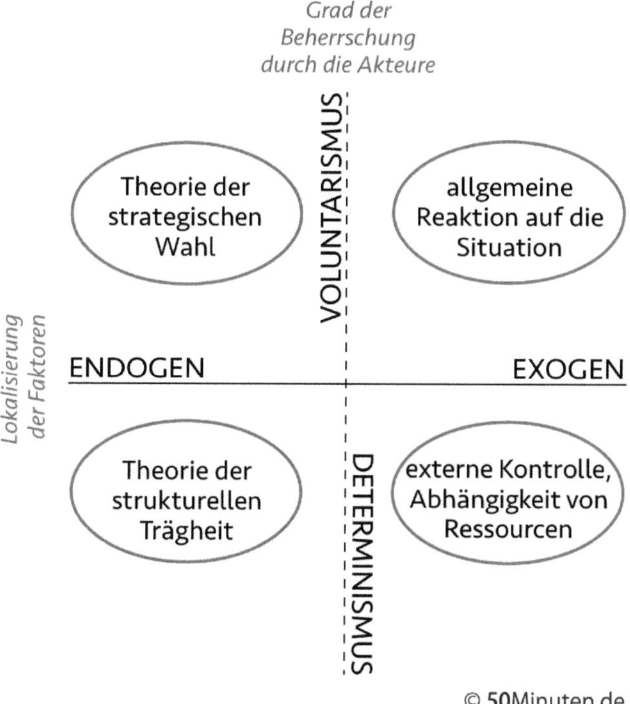

Die Matrix baut auf zwei Dimensionen auf, dem „Grad der Beherrschung durch die Akteure" (bei dem sich Determinismus und Voluntarismus gegenüberstehen) und der „Lokalisierung der Faktoren" (wobei zwischen endogenen und exogenen Veränderungsfaktoren unterschieden wird. Einige Wirtschaftswissenschaftler betrachten das Unternehmensumfeld nicht nur als Triebkraft der Veränderung, sondern auch als Auswahlkriterium für eine bestimmte Struktur).

Desreumaux' Matrix fasst die wichtigsten Theorien zum Ablauf von organisatorischen Veränderungen grafisch zusammen.

- **Determinismus:** Hauptmerkmale der auf Determinismus aufbauenden Theorien sind das Ausmaß der Passivität eines Unternehmens und die starke Rolle, die das Umfeld bei der Entwicklung der Unternehmensstruktur spielt. Das Umfeld sortiert quasi die Unternehmen aus, die nicht flexibel genug waren und daher verpasst haben, sich adäquat an Veränderungen anzupassen. Nach dieser Logik werden Veränderungen „erlitten" – sowohl von Angestellten, die sich von einem Tag auf den anderen entlassen sehen, als auch von Unternehmen, die kein finanzielles Gleichgewicht mehr herstellen konnten. Historische und kulturelle Aspekte, der natürliche Widerstand des Menschen gegen Veränderung, die Angst vor dem Unbekannten etc. werden allesamt als Faktoren angesehen, die eine Unternehmensumstrukturierung behindern. Dieser neo-darwinistische Ansatz versucht, die Grenzen der Anpassungsfähigkeit von Unternehmen aufzuzeigen. Die amerikanischen Soziologen Michael T. Hannan (geboren 1943) und John H. Freeman (1944-2008) vertreten in einem Artikel von 1977[1] die radikale Ansicht, dass Führungspersonen (Leader) gegenüber dem Umfeld keinerlei Handlungsspielraum haben. Jeffrey Pfeffer (amerikanischer Professor für Organisationstheorie, geboren 1946) und Gerald R. Salancik (amerikanischer Organisationstheoretiker, 1943-1996) vertreten hingegen in einem Werk von 1978[2] eine weniger drastisch deterministische Meinung und weisen Führungspersonen bei Veränderungen eine immerhin symbolische Rolle zu.

- **Voluntarismus:** Theorien des Voluntarismus sind hingegen durch die Akteuren zugeschriebene Fähigkeit, Veränderungen in Unternehmen einzuleiten, gekennzeichnet. Die Triebkraft der

---

1. „The Population Ecology of Organizations". *American Journal of Sociology* 82(5, März 1977). S. 929-964.
2. *The external control of organizations: A resource dependence perspective.* Stanford University Press: Stanford 1978 (2003).

Veränderung liegt hier in der proaktiven Rolle der Manager, welche das Unternehmen weiterentwickeln können – und wollen. Das Schicksal des Unternehmens liegt demnach in den Händen der Führungspersonen und Entscheidungsträger. Hauptvertreter dieser Theorie ist der britische Wirtschaftswissenschaftler John Child (spezialisiert auf Management und Unternehmen, geboren 1940)[3]. In diesem Denkansatz werden Unternehmensveränderungen als Instrument der Geschäftsführung angesehen, das schrittweise und kontinuierlich proaktive strategische Prognosen voraussetzt. Strategische und organisatorische Stärke basiert auf dem Veränderungswillen der Führungsperson und auf deren Fähigkeit, für dieses Vorhaben Unterstützung zu gewinnen: Man spricht dabei heute häufig von einem „inspirierenden Führungsstil". Zum Ansatz der strategischen Wahl werden auch die Theorien der strategischen Planung des britischen Universitätsprofessors für Strategisches Management Gerry Johnson[4] und

---

3. „Organizational Structure, Environment and Performance: The Role of Strategic Choice". In: *Sociology* 6(1, Jan. 1972). S. 1-22.
4. *Strategic Change and the Management Process*. Blackwell: Oxford 1987.

des französischen Wirtschaftswissenschaftlers Alain-Charles Martinet (spezialisiert auf Unternehmensführung und Management)[5] gezählt. Sie vertreten die Meinung, dass Veränderungen abhängig von der Fähigkeit der Führungsperson, entsprechende Fristen für einzelne Etappen der Unternehmensveränderungen zu setzen, zu einem revolutionären Wandel führen können. Veränderung – und damit auch der Wandel sozialer Strukturen – entsteht durch die stete Interaktion zwischen Individuen (die so geschaffene kollektive Intelligenz ermöglicht es, neue Lösungswege zu finden). So wird Veränderung also als „wiederholte Definition von Zielen, Entwicklung, Anpassungen und Interaktionen zwischen Akteuren" (Yvonne Giordano)[6] angesehen. Die Veränderungssequenz ist jedoch nicht vorgegeben, zudem können Krisen der Unternehmensstruktur nur schwer erkannt bzw. vorhergesehen werden.

---

5. *Management stratégique. Organisation et politique.* Ediscience international: Paris 1994.
6. „Management stratégique et changement organisationnel. Quelles représentations?" In: Rainelli, Michel; Gaffard, Jean-Luc; Asquin, Alain (Hrsg.): *Les nouvelles formes organisationnelles.* Economica : Paris 1995. S. 161-179. Zitat übersetzt für 50Minuten.de

Strukturentwicklung

Im Allgemeinen wird Unternehmensentwicklung in vier Phasen unterteilt: eine stabile, kontinuierliche Phase, eine Phase der Entwicklung ohne radikale Umstürze, eine Phase unkontrollierter Veränderung und eine Phase tiefgreifender Veränderung der Struktur.

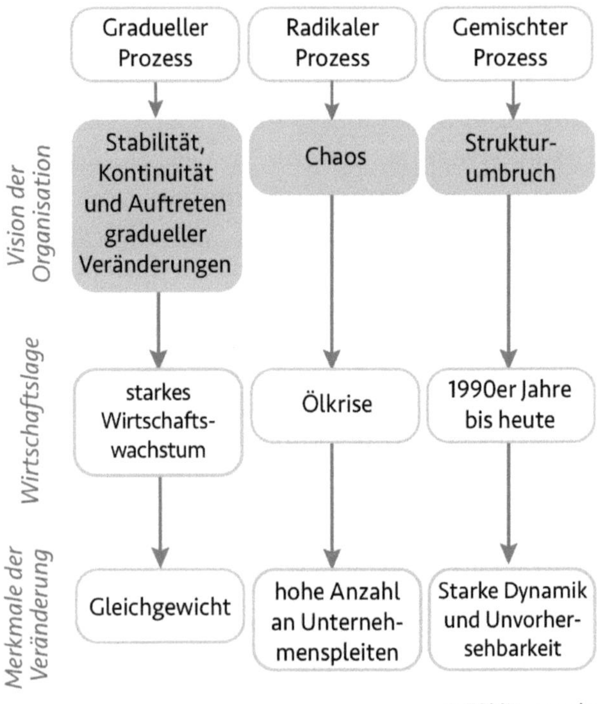

- **Stabilität und Kontinuität**
- **Beginn kontinuierlicher Veränderungen:** Während dieser Zeit ermöglichen stete Änderungen dem Unternehmen, sich zu entwickeln, ohne jedoch die gesamte Struktur umzustellen. Die Grundpfeiler des Unternehmens ergeben sich hauptsächlich aus seiner Geschichte, Kultur und der bestehenden Organisationsstruktur. Strukturelle Veränderungen werden also in erster Linie durch endogene Faktoren (von innen heraus) angestoßen. Die beiden kanadischen Wirtschaftswissenschaftler Henry Mintzberg und Frances Westley bezeichnen diese Entwicklungsphasen 1992[7] als Revatilisierungsphasen. Diese entsprechen der Wirtschafswachstumsphase zwischen 1945 und 1973 aus dem Beispiel von Desreumaux.
- **Chaos**
- **Strukturelle Revolution:** Der Prozess revolutionärer organisatorischer Veränderungen ist häufig eine Zeit, in der das externe Umfeld starken Druck ausübt und in ihrem Fortbestand gefährdete Unternehmen zwingt, sich schnell

---

7. „Cycles of organizational change". In: *Strategic Management Journal* 13(S2, 1992). S. 39-59.

weiterzuentwickeln. Die Unternehmen stoßen dabei früher oder später an die Grenzen dessen, was sie an Veränderung aufnehmen können. Desreumaux sieht den Ursprung dieser Phase in den wirtschaftlichen Umbrüchen, die teilweise mit den Ölkrisen der Siebzigerjahre zusammenhängen. Es handelt sich um eine Zeit der Hinterfragung von Wirtschaftsmodellen, Grundsätzen der Unternehmensführung und der grundlegenden Unternehmensstruktur. Letztere ist durch starken Widerstand von Einzelpersonen und Gruppen gegen Veränderungen gekennzeichnet.

Um die Revolutionsprozesse zu überwinden – die von Mintzberg und Westley als „turnaround periods" bezeichnet werden –, müssen sich Unternehmen vor allem auf zwei Schlüsselelemente konzentrieren: Krisen- und Notfallmanagement. An diesem Punkt muss das Unternehmen die Vergangenheit hinter sich lassen, um so eine neue Zukunft aufbauen zu können.

GUT ZU WISSEN: WIDERSTAND GEGEN VERÄNDERUNG

In Krisenzeiten kann Veränderung von Einzelpersonen als dramatisches Ereignis empfunden werden. Bei mangelhafter Kommunikationen fühlen sie sich möglicherweise bedroht, fürchten die Unsicherheit und äußern spontan ihren Widerstand (z. B. durch Streiks). Widerstand gegen Veränderung ist eine natürliche Reaktion der Menschen, um sich gegen eine Gefährdung des stabilen Unternehmensgleichgewichts des Unternehmens zu schützen, die ihre Funktion bzw. Arbeitsplatz bedroht. Zahlreiche Wissenschaftler widmen sich diesen Widerstandsmechanismen gegen Veränderung (psychologische und soziale Abwehrreaktionen in Situationen der Unsicherheit), darunter Pfeffer und Salancik.

Connie Gersick, amerikanische Universitätsprofessorin für Organizational Behavior, hebt in einem Artikel von 1991[8] hervor, wie wichtig es ist, die Unternehmensgeschichte

---

8. „Revolutionary Change Theories. A Multilevel Exploration of the Punctuated Equilibrium Paradigm". In: *The Academy of Management Review* 16(1, Jan. 1991). S. 10-36.

miteinzubeziehen, um die Grenzen der Veränderungskapazität zu erkennen. Laut dem schwedischen Wirtschaftswissenschaftler Nils G. M. Brunsson[9] ist der Veränderungsprozess zudem von einer Änderung der Unternehmensvision gekennzeichnet, was zu Unsicherheit und Demotivation führt und einen steten Veränderungsprozess verhindert.

ANSÄTZE KLEINER SCHRITTE IM LEBENSZYKLUS

Mit der Verwendung eines Lebenszyklus (im Folgenden näher erläutert) lehnt sich der darwinistische Ansatz an biologische Abläufe an: Die Unternehmensstruktur wird als lebendiges Wesen angesehen, Wachstum als natürliches Phänomen. So betrachtet entstehen organisatorische Veränderungen aus einer Summe schrittweiser Veränderungen. Das Unternehmen akzeptiert Veränderungen, solange deren

---

9. „The irrationality of action and action rationality. Decisions, ideologies and organizational actions". In: *Journal of Management Studies* 19(1, 1982). S. 29-44.

Ausmaß begrenzt ist. So werden auch große Veränderungen angenommen, wenn sie als Summer kleiner, kaum wahrnehmbarer Änderungen entstehen. Veränderung ist in dieser Theorie als ein allmählicher, sukzessiver Prozess definiert, der aus logischen Sequenzen, den Phasen, besteht. Hauptverfechter dieses Ansatzes ist James B. Quinn (1928-2012), der in einem Werk von 1980[10] Veränderung als die Summe mehrerer kleiner Ereignisse definiert, die sich gegenseitig überschneiden.

Die Lebenszyklustheorie besteht schon seit geraumer Zeit, in der Management-Literatur ist sie ein häufig verwendetes Konzept. In einigen Fällen lässt sie sich allerdings besser auf organisatorische Veränderungen als auf Strategieänderungen anwenden.

Mintzberg und Westley unterteilen den Unternehmenslebenszyklus in fünf Phasen. In der ersten **Entwicklungsphase** entsteht das Unternehmen, welches durch eine visionäre, zielstrebige Führungsperson vertreten wird. Darauf folgt

---

10. *Strategies for Change. Logical Incrementalism.* Richard D. Irwin: Homewood 1980.

die **Stabilitätsphase**, die durch die Festlegung der Organisationsstruktur und der Einführung von Prozessen gekennzeichnet ist. In der anschließenden Anpassungsphase werden kleinere Anpassungen an der Unternehmensstruktur und Strategie vorgenommen. In der Kampfphase hingegen muss das Unternehmen eine neue strategische Richtung finden. Bedingt durch eine grundlegende Änderung der Situation kommt es zu Unruhen im Unternehmen, Herausforderungen und Machtkämpfen sowie einer Hinterfragung der bestehenden Struktur. Die Revolutionsphase umfasst schließlich Veränderungen bezüglich der Strategie, Kultur, Strukturen und Mitarbeiter. Mintzberg und Westley haben sich mit schrittweisen Veränderungen befasst und konnten dabei Zeiten gewaltiger, kurzer und intensiver Veränderungen erkennen.

LEBENSZYKLEN

Unternehmen durchlaufen während ihres Bestehens verschiedene, mehr oder weniger bedeutende Veränderungsphasen, die unter Umständen ihren Fortbestand gefährden. Dieser Vorgang ähnelt dem Leben eines Menschen, der sich auch nach und nach im Laufe der Zeit weiterentwickelt und Krisenzeiten durchlebt, die bis zu seiner Auslöschung führen können. Tatsächlich stellt die Theorie des Unternehmenswachstums eine Parallele zum biologischen Lebenszyklus her.

Der biologische Lebenszyklus

Der biologische Lebenszyklus beschreibt die gesamte Lebenszeit eines Organismus ab dem Zeitpunkt seiner Entstehung. Im Allgemeinen beginnt ein biologischer Lebenszyklus daher mit der Geburt, der sich eine Wachstumsphase anschließt, welche zur Reifephase führt, bis diese schließlich mit einer Degenerationsphase bzw. dem Tod endet. Je nach betrachtetem Lebenszyklus unterscheidet sich die verwendete Terminologie, der Prozess bleibt jedoch gleich.

Der Lebenszyklus eines Menschen sieht folgendermaßen aus:

- Der Zeugung folgen Geburt und Kindheit. Übertragen auf den Produktlebenszyklus handelt es sich hierbei sozusagen um die „Einführungsphase".

- An diese Phase schließt sich die Jugend an, die durch zahlreiche unterschiedliche Erfahrungen innerhalb und außerhalb der Familie gekennzeichnet ist. Sie entspricht der „Wachstumsphase". Der Mensch entwickelt in dieser Zeit seine Persönlichkeit durch Ausprobieren nach dem Versuch-und-Irrtums-Prinzip. Er wächst und gewinnt Tag für Tag neue Kenntnisse und Fähigkeiten. Zudem entdeckt der Mensch in dieser Phase seine Stärken und Schwächen, die häufig seine Berufswahl beeinflussen, ebenso wie Gefühle und Emotionen, wie beispielsweise die Liebe. All dies sind positive Entwicklungen im Leben eines Menschen.
- Nach der Reifephase des Erwachsenenalters treten schließlich unweigerlich Ereignisse ein, die das Wachstum ausbremsen, wie beispielsweise der Renteneintritt und das Alter, und die den Beginn der Degenerationsphase bedeuten. Dieser „Rückgang" führt schließlich zwangsläufig für alle lebenden Organismen zum Tod.

Ein Unternehmen – viele Lebenszyklen

Auf den ersten Blick könnte man meinen, ein Unternehmen hätte nur einen einzigen Lebenszyklus. In Wahrheit ist jedoch genau das Gegenteil der Fall. Das Unternehmen befindet sich an einer Art Kreuzweg, da es zahlreiche unterschiedliche Lebenszyklen umfasst: materielle Lebenszyklen (der Produkte, Technologien oder Vertriebswege), menschliche und soziale Lebenszyklen (der Mitarbeiter und der Organisationsmethoden) und den Lebenszyklus, den das Unternehmen selbst durchläuft.

- Gerade von Marketern wird häufig der Begriff des **Produktlebenszyklus** verwendet, da jedes Produkt einem eigenen Lebenszyklus folgt. Dieser Zyklus besteht meist aus vier Phasen: Einführung, Wachstum, Reife und Rückgang. Einige Wirtschaftswissenschaftler sind der Ansicht, es gebe eigentlich fünf Phasen (und nicht vier), da das Unternehmen vor der Produkteinführung – ähnlich der Embryonalentwicklung beim Menschen, die zeitlich vor der eigentlichen Geburt – zunächst Marktstudien durchführt, Prototypen anfertigt etc. Diese zusätzliche Phase entspricht der

Planung und hat zum Ziel, das Misserfolgsrisiko bei der Produkteinführung zu mindern.

- Der **Vertriebszyklus** ähnelt dem Produktlebenszyklus, nur dass die letzte Phase hier einer eventuellen Neueinführung entspricht.
- Wie Produkte besitzen auch Technologien einen eigenen **Technologielebenszyklus**, der aus vier Phasen besteht: Embryonische, Schrittmacher-, Schlüssel- und Basistechnologie.
- Der **Personallebenszyklus** wird von den Karrierewegen der Mitarbeiter bestimmt. Der Zyklus beginnt bei der Einstellung, durchläuft Wachstum (dazu gehören Fortbildungen, Beförderungen etc.) und Reife (in dieser Phase steigen Mitarbeiter zu Seniorpositionen auf und es muss mittelfristig ein Ersatz für sie gefunden werden) und endet mit dem Rückgang (Entlassung, Rente etc.).
- Der **Lebenszyklus einer Organisation bzw. eines Unternehmens** wird von Greiner in einem Wachstumsprozess mit fünf Phasen beschrieben.

GREINERS WACHSTUMSMODELL: SCHWÄCHEN UND ERGÄNZUNGEN

SCHWÄCHEN UND KRITIK

Mit Greiners Wachstumsmodell sollen Unternehmensführer auf Krisen aufmerksam gemacht werden, mit denen ihr Unternehmen voraussichtlich während seiner Entwicklung konfrontiert wird. Dennoch können dem Modell die folgenden Schwächen bzw. Kritikpunkte vorgeworfen werden:

- Es stimmt zwar, dass viele Unternehmen mit einer organischen, wenig ausgereiften Struktur beginnen, die schließlich sehr komplex wird. Allerdings durchlaufen auch längst nicht alle Unternehmen zwingend alle Phasen. Einige Unternehmen stagnieren, verzeichnen eher negatives Wachstum oder überspringen Schritte, während andere von größeren

Gruppen aufgekauft werden oder insolvent gehen.

- Zudem bleibt das geschilderte Unternehmenswachstum zu theoretisch. Bis heute konnten noch in keiner Studie konkrete kritische Schwellenwerte genau bestimmt werden, an denen Krisen ausgelöst werden. Mit anderen Worten ist das Modell eher eine Analysevorlage als ein wirksames Instrument.
- Hinzu kommt, dass Greiners Wachstumsmodell weder die Merkmale der Veränderung noch den Veränderungsprozess selbst beschreibt. Auch die Ursachen der Umbrüche, die tieferliegenden Gründe für Veränderungen und der Entstehungsprozess der Krisen werden nicht erklärt.
- Die Phase, die auf die Reife folgt und in der sich ein Großteil der Unternehmen heutzutage befindet kann mit dem Modell nicht analysiert werden.
- Schließlich bezieht Greiner in seine Analyse weder Interaktionen zwischen den verschiedenen Teilen des Unternehmens mit ein noch den willkürlichen Rhythmus, in dem Veränderungen auftreten.

ERGÄNZUNGEN UND VERWANDTE MODELLE

Modell des punktualistischen Equilibriums

Dieses Modell bezieht sich auf eine historische Dimension und weist der Führungsperson damit nur eine geringfügige Rolle beim Veränderungsmanagement zu. Es stimmt darin mit den Theorien des Voluntarismus überein, indem angenommen wird, dass in den meisten Systemen der Umfang der akzeptablen Veränderungen begrenzt ist. Längeren Perioden der allmählichen, akzeptierten Veränderungen werden dann gelegentlich von kurzen Episoden der radikalen Umstrukturierung unterbrochen. Dieser Aspekt entscheidet sich fundamental von Greiners Modell.

Das Modell des punktualistischen Equilibriums, auch punktualistischer Wandel genannt, wurde 1985 von Elaine Romanelli (Professorin für strategisches und Unternehmensmanagement) und Michael L. Tushman (Experte für strategisches

Management) entwickelt[1]. Ihnen zufolge durchlebt ein Unternehmen lange Stabilitätsphasen, die von Zeiten strategischer Neuausrichtung unterbrochen werden, was für das Unternehmen und seine Mitarbeiter traumatisierend ist. Romanelli und Tushman beschreiben die grundlegende Unternehmensstruktur anhand von fünf Dimensionen, die die Unternehmenswerte abbilden:

- Produkte
- Märkte und Technologien
- Machtverteilung im Unternehmen
- Organisationsstruktur
- Art und Weise der bestehenden Kontrollen

Eine der Hauptverfechterinnen des punktualistischen Equilibriums ist Connie Gersick, die die Anwendbarkeit der Theorie in Unternehmensführung und Biologie und auf verschiedenen Analyseebenen nachzuweisen versucht. Sie betrachtet dabei Einzelpersonen, Gruppen und Unternehmen.

---

1. „Organizational Evolution: A Metamorphosis Model of Convergence and Reorientation". In: *Research in Organizational Behavior* 7(1985). S. 171-222.

Andere Erweiterungen

Der britische Finanzexperte David Marsh (geboren 1952) entwickelt eine Veränderungstheorie, die sich mit dem Unternehmensalltag beschäftigt und mit der die Geschäftsprozesse der Unternehmensveränderung im Detail analysiert werden können.

Laut dem britischen Universitätsprofessor für Strategie und Organisation Andrew Pettigrew (geboren 1944) sollte Veränderung nicht als ein bestimmter Moment zwischen zwei Stabilitätsphasen angesehen werden, sondern vielmehr als ein stets präsentes Element, das gerade in Krisenzeiten zum Vorschein kommt. Pettigrew vertritt die Ansicht, dass Prozesse organisatorischer Veränderung deutlich werden, wenn man die Unternehmenskultur und -politik betrachtet. Er betont zudem, dass organisatorische Veränderung die Konkretisierung eines graduellen, nicht sichtbaren und nicht planbaren Prozesses ist.

Mintzberg bedenkt zudem, dass ein Konsens besteht, nach dem Verallgemeinerungen letztendlich uninteressanter sind als der Nachweis von Thesen anhand von Fällen, Situationen und Kontexten. Er beobachtet zudem, dass Veränderungen zunächst in der Spitze der Unternehmenshierarchie entstehen und anschließend von unterstellten Ebenen umgesetzt werden.

GREINERS WACHSTUMSMODELL IN DER PRAXIS

Im Januar 2012 wird die Welt der Fotografie erschüttert, als *Kodak*, der ehemalige Marktführer für Fotoapparate, einen Insolvenzantrag stellt. Dabei hatte es für die *Eastman Kodak Company* so gut angefangen.

Kreativitätsphase

Nachdem der amerikanische Industrielle und *Kodak*-Unternehmensgründer George Eastman (1854-1932) seine Forschungen konkretisiert hat, meldet das Unternehmen 1879 ein Patent auf das Verfahren zum Herstellen von Emulsionsplatten an (Trägermaterial für Fotografien, mit dem qualitativ hochwertig entwickelt werden kann). Mit dem Slogan „You press the button, we do the rest" („Sie drücken auf den Knopf, wir erledigen den Rest") für die Markteinführung der ersten Rollfilmkameras in den USA tritt die später weltbekannte Marke *Kodak* 1888 zum ersten Mal in Erscheinung. Das Unternehmen wird mit diesem Produkt für seine Innovativität bekannt: Es verkauft seine beliebten Rollfilm- und Faltkameras auf der ganzen Welt.

Diese Wachstumsphase führt zu einer Krise durch den Führungsstil. Das Unternehmen zählt zahlreiche Fabriken und Tausende Mitarbeiter weltweit, als der amerikanische Manager William G. Stuber (1864-1959) Eastman an der Spitze der *Kodak*-Gruppe ablöst. Stuber behält seinen Posten bis 1934, ihm folgen zahlreiche weitere erfahrene Manager.

Steuerungsphase

1960 beschäftigt *Kodak* an die 80.000 Mitarbeiter. Zahlreiche Erfindungen fördern das exponentielle Wachstum der Gruppe, dazu gehört auch die 1975 vom amerikanischen Ingenieur Steve Sasson (geboren 1950) entwickelte Digitalkamera. Diese wird allerdings aus Angst, die Cash Cow des Unternehmens (*Kodaks* Rollfilmkamera) zu gefährden, kaum bzw. nur schlecht vermarktet.

Für viele Beobachter ist es jedoch gerade die Digitaltechnik, die später zur Insolvenz des multinationalen Unternehmens führen soll. Im Jahr 1981 übersteigt der Umsatz 10 Milliarden Dollar und das Unternehmen ist nicht nur für seine Kameras bekannt, sondern auch für die Bildherstellung in den unterschiedlichsten Bereichen, von Freizeit und Unterhaltung über Telekommunikation und Wissenschaft bis hin zum Handel.

Um seinen Einfluss noch weiter zu festigen, schließt sich *Kodak* mit der Produktionsgesellschaft *Compagnie générale des cinématographes, photographes et pellicules* des französischen Pioniers der Filmindustrie Charles Pathé (1863-1957) zusammen. Daraus entsteht das Unternehmen *Kodak-Pathé*, das einige Kinofilme produziert.

Das Unternehmen investiert weiterhin in Forschung und Entwicklung. Es beschäftigt zu diesem Zweck mehrere Ingenieure und ist auf mehreren Management-Ebenen strukturiert. Dadurch werden Management und Forschungslabore jedoch voneinander getrennt, was zu einigen unglücklichen strategischen Entscheidungen führt. So beschließt das Management beispielsweise, einige revolutionäre Innovationen (CCD-Sensoren, digitale Röntgenbilder, Digitalfotos etc.) nicht zu vermarkten – aus Angst, die hohen Margen aus dem Verkauf der Rollfilme aufs Spiel zu setzen.

Es kommt zur Autonomiekrise: Viele Ingenieure verlassen die Gruppe, um ihre Innovationen mit dem Einverständnis ihres ehemaligen Arbeitgebers anderweitig zu vermarkten.

Delegations- und Koordinationsphasen

Trotz eines leichten Rückgangs nimmt das Unternehmen seinen Wachstumskurs dank umfangreicher finanzieller Investitionen wieder auf (für jeden Dollar verkaufter Rollfilme erhält die Forschung fünf Cent).

Es entwickelt sich eine Kontrollkrise: In den Laboren herrscht relatives Laissez-faire, der Vertrieb bevorzugt Forschung, die sich mit den Produkten und nicht mit der Technologie oder den Kundenbedürfnissen befasst, Gespräche und Entscheidungen zur Vermarktung von Innovationen dauern monatelang, wodurch das

Unternehmen kostbare Zeit verliert. In einigen Fällen lehnen Vertriebler Innovationen ohne weitere Analysen ab, um dieselben nur wenige Monate später bei den Entwicklern anzufragen (Bürokratiekrise).

Zur Überwindung der Kontrollkrise wird Colby H. Chandler 1983 zum CEO von *Kodak* ernannt. Er hält diesen Posten bis Juni 1990 inne und definiert in dieser Zeit die Missionen und Zuständigkeitsbereiche des Managements neu. Ein Weg aus der Bürokratiekrise wird jedoch erst nach der Insolvenz im Januar 2012 deutlich.

Kooperationsphase

Kodak schottet sich jahrelang im lukrativen Rollfilmmarkt ab und wagt den Sprung auf den digitalen Markt mit seiner *EasyShare*-Produktpalette zu spät und recht erfolglos. Seit 2007 befindet sich das Unternehmen in finanziellen Schwierigkeiten. Um diese zu überwinden, verkauft *Kodak* Patente, strukturiert seine Abteilungen um, schließt neue Partnerschaften, trennt sich weltweit von einigen Partnern und lässt schließlich sein traditionelles Kerngeschäft (Rollfilme) hinter sich, um sich nun auf moderne Technologien zu konzentrieren (digitale Fotografie und digitales Kino).

Die Anstrengungen tragen jedoch nicht die erhofften Früchte. Im Januar 2012 beantragt das Unternehmen in den USA Insolvenz mit Gläubigerschutzverfahren. Ein Jahr später, nachdem das Unternehmen 13 Fabriken schließen musste, beginnt *Kodak* mit 8.500 Mitarbeitern von vorn. Man ist technisch wieder bereit und entwickelt Anwendungen, um an die Spitze der Branche zurückzukehren. Es werden jedoch noch einige Innovationen sowie eine inspirierende, motivierende Unternehmensführung notwendig sein, damit aus dem vorsichtigen Neuanfang mehr als nur ein Strohfeuer wird.

Heute bietet *Kodak* zwar vor allem (wettbewerbsfähige) Drucker (plus Zusatzprodukte) an, konnte aber beispielsweise mit der Ankündigung einer Digitalwährung (mit der auf der Fotografen-Plattform *KodakOne* bezahlt werden kann) seinen Aktienkurs Anfang 2018 verdoppeln. Das Angebot umfasst außerdem eine Sofortbildkamera (seit Herbst 2017) sowie einen 3D-Drucker.

Greiners Wachstumsphasen am Beispiel *Kodak*

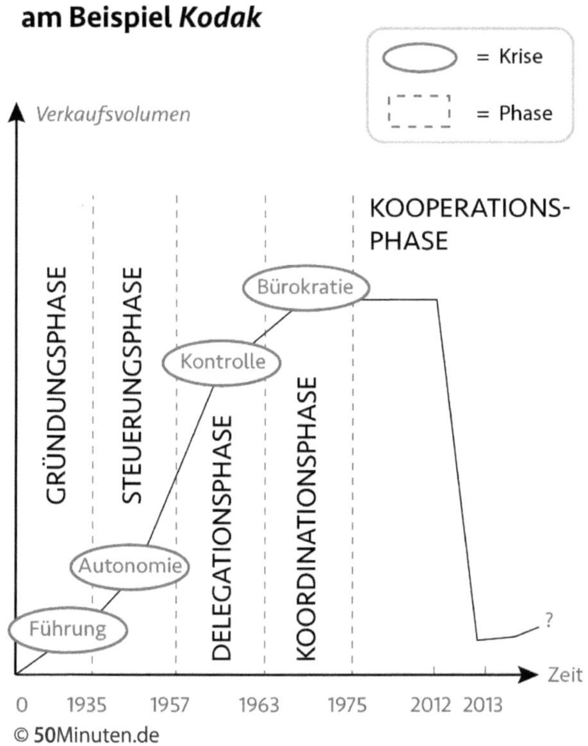

© **50**Minuten.de

ZUSAMMENGEFASST

- Larry E. Greiner zeigt, dass jedes Unternehmen während seiner Entwicklung Veränderungen in Form von Wachstums- und Krisenphasen durchläuft. Solche Veränderungsphasen gehören zu jedem Unternehmen. Um seinen Fortbestand sicherzustellen, sollte ein Unternehmen den Lebenszyklus beachten und maximal ausnutzen, um so von den Vorteilen der jeweiligen Phasen zu profitieren und sich auf dem Markt zu behaupten.
- Die fünf Phasen des Unternehmenslebenszyklus sind:
  - Kreativitätsphase
  - Steuerungsphase
  - Delegationsphase
  - Koordinationsphase
  - Kooperationsphase
- Trotz der naheliegenden Parallele zwischen dem Lebenszyklus eines Unternehmens und dem der Menschen treten einige Unternehmen nie in die letzte Phase des Rückgangs (bzw. Todes) ein.

- Obwohl das von Greiner entwickelte Modell eher der Analyse als der praktischen Anwendung dient, wird sein Konzept des zyklischen Wandels durch weitere interessante Ansätze ergänzt – wie beispielsweise das Modell des punktualistischen Equilibriums von Romanelli und Tushman oder Pettigrews Theorien zur graduellen, nicht sichtbaren Veränderung.
- Die Unternehmensgeschichte von *Kodak* zeigt, dass Innovation und kontinuierliche Veränderung Schlüsselfaktoren für den Erfolg eines Unternehmens sind.

Ihre Meinung ist uns wichtig!
Hinterlassen Sie doch einen Kommentar auf der
Seite unserer Online-Buchhandlung
und teilen Sie Ihre Favoriten in den sozialen
Netzwerken!

DARÜBER HINAUS

LITERATURVERZEICHNIS

- Atamer, Tugrul; Calori, Roland: *Diagnostic et décisions stratégiques*. Dunod: Paris 1998.

- Barthélemy, Jérôme: „L'externalisation. Une forme organisationnelle nouvelle". In: *Actes de la huitième conférence de l'Association internationale de management stratégique*. Paris 1999.

- Brunsson, Nils G. M.: „The irrationality of action and action rationality. Decisions, ideologies and organizational actions". In: *Journal of Management Studies* 19(1, 1982). S. 29-44.

- Cohen, Elie: „Entreprise. Gestion d'entreprise". In: *Encyclopædia Universalis*. http://www.universalis.fr/encyclopedie/entrepri-se-gestion-d-entreprise/ressources/ (13.06.2018).

- Demers, Christiane: *Organizational Change Theories. A Synthesis*. Sage Publication Inc.: Thousand Oaks 2007.

- Desreumaux, Alain: „Nouvelles formes d'orga-nisation et évolution de l'entreprise". In: *Revue française de gestion* 107(1996). S. 86-108.

- Deval, Émilie; Nury, Guillaume: *La notion de cycle biologique intégrée par le management*. Institut supérieur technologique: Montplaisir-Valence 2009.

- Gersick, Connie: „Revolutionary Change Theories. A Multilevel Exploration of the Punctuated Equilibrium Paradigm". In: *The Academy of Management Review* 16(1, Jan. 1991). S. 10-36.

- Giordani, Yvonne: „Management stratégique et changement organisationnel. Quelles représentations?" In: Rainelli, Michel; Gaffard, Jean-Luc; Asquin, Alain (Hrsg.): *Les nouvelles formes organisationnelles*. Economica : Paris 1995. S. 161-179.

- Gould, Stephen Jay: *Der Daumen des Panda. Betrachtungen zur Naturgeschichte*. Aus dem Englischen von Klaus Laermann und Eva-Maria Schmitz. Birkhäuser Basel: Basel 1987.

- Greiner, Larry E.: „Evolution and Revolution as Organizations Grow". In: *Harvard Business Review* 50(4, 1972). S. 37-46.

- Henriet, Bruno: „La gestion des ressources humaines face aux transformations organisationnelles". In: *Revue française de gestion* 124(1999). S. 82-93.

- Lemaire, Laure: *Systèmes de gestion intégrés. Des technologies à risques?* Éditions Liaisons: Paris 2003.

- Mintzberg, Henry: *Strategy Safari. Der Wegweiser durch den Dschungel des strategischen Managements*. FinanzBuch Verlag: München 2012.

- Mintzberg, Henry; Westley, Frances: „Cycles of organizational change". In: *Strategic Management Journal* 13(S2, 1992). S. 39-59.

- Peretti, Jean-Marie: *Ressources humaines et gestion du personnel*. Vuibert: Paris 1998.

- Perret, Véronique: *Rythme et processus de changement. Processus incrémental ou révolutionnaire*. Dossier Management du Changement et TIC, DEA 128FC, Promotion 3. http://dea128fc.free.fr/CoursA/A2-ManagementChangement&TIC/expo/valery/DEA128FC-Processus%20incr%E9mental%20et%20r%E9volutionnaire.pdf (13.06.2018).

- Perret, Véronique; Josserand, Emmanuel: *Le paradoxe. Penser et gérer autrement les organisations*. Éditions Ellipses: Paris 2003.

- Pettigrew, Andrew: „Context and Action in the Transformation of the Firm". In: *Journal of Management Studies* 24(6, 1987). S. 649-670.

- Quinn, James Bryan: *Strategies for Change. Logical Incrementalism*. Richard D. Irwin: Homewood 1980.

- Reix, Robert: „L'impact organisationnel des nouvelles technologies de l'information". In: *Revue française de gestion* 77(1990). S. 100-106.

- Romanelli, Elaine; Tushman, Michael: „Organizational Evolution: A Metamorphosis Model of Convergence and Reorientation".

In: *Research in Organizational Behavior* 7(1985). S. 171-222.

- Romanelli, Elaine; Tushman, Michael: „Inertia, Environments and Strategic Choice. A Quasi-Experimental Design for Comparative Longitudinal Research". In: *Management Science* 32(5, 1996). S. 608-621.

- *Spiegel Online*: „KodakCoin angekündigt – Aktienkurs verdoppelt". (10.01.2018). http://www.spiegel.de/wirtschaft/unternehmen/kodak-kuendigt-eigene-kryptowaehrung-an-aktienkurs-verdoppelt-a-1187096.html (19.06.2018).

- Thomas, John M.; Bennis, Warren G.: *The Management of Change and Conflict*. Penguin: Harmondsworth 1972.

WEITERFÜHRENDE LITERATUR

- Brettel, Malter et al.: *Erfolgreiche Unternehmerteams. Teamstruktur – Zusammenarbeit – Praxisbeispiele*. Gabler: Wiesbaden 2009.

- Baecker, Philipp N. et al.: *Wachstumsstrategien internationaler Unternehmungen. Internes vs. Externes Unternehmenswachstum*. Schäffer Poeschel: Stuttgart 2002.

- Child, John: „Organizational Structure, Environment and Performance:

The Role of Strategic Choice". In: *Sociology* 6(1, Jan. 1972). S. 1-22.

- Hannan, Michael T.; Freeman John H.: „The Population Ecology of Organizations". *American Journal of Sociology* 82(5, März 1977). S. 929-964.

- Johnson, Gerry: *Strategic Change and the Management Process*. Blackwell: Oxford 1987.

- Martinet, Alain-Charles: *Management stratégique. Organisation et politique*. Ediscience international: Paris 1994.

- Pfeffer, Jeffrey; Salancik, Gerald R.: *The external control of organizations: A resource dependence perspective*. Stanford University Press: Stanford 1978 (2003).

- Schuh, Günther; Kampker, Achim (Hrsg.): *Strategie und Management produzierender Unternehmen*. Springer-Verlag: Berlin/Heidelberg 2011.

MEHR AUF 50MINUTEN.DE

- Del Marmol, Thomas: <u>Die BCG-Matrix. Ein strategisches Analysetool</u>. Aus dem Französischen von Mareike Lobeck. Plurilingua-Publishing: Brüssel 2018.

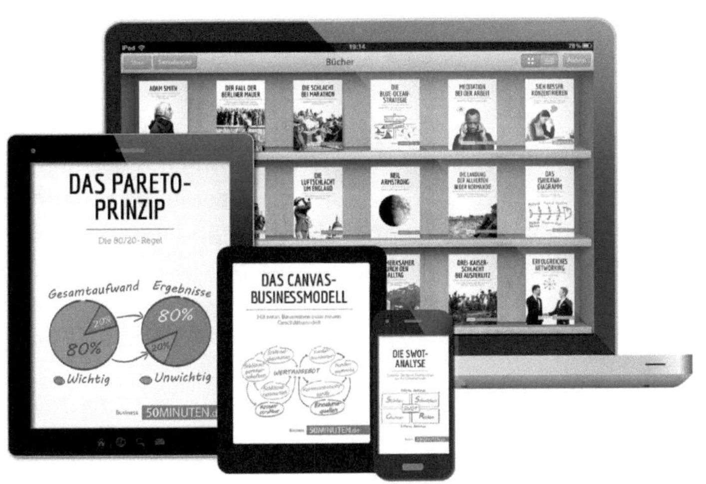

Die präsentierten Inhalte werden vom Herausgeber überprüft, dennoch übernimmt dieser keine Haftung für die inhaltliche Richtigkeit, Vollständigkeit und Aktualität der vorgestellten Inhalte.

www.50Minuten.de

ISBN digitale Ausgabe: 9782808009843

ISBN gedruckte Ausgabe: 9782808010658

Pflichtexemplar: D/2018/12603/269

Cover: © Plurilingua

Digitale Aufbereitung: Primento, der digitale Partner der Herausgeber